VIRGINIE GRIMALDI

MARINA COUDRAY

Les Gorges du Verdon en pédalo

hachette
JEUNESSE

Les cinq cousins se retrouvent pour des vacances dans les gorges du Verdon. Tandis que les parents se reposent sur la plage, les enfants se baignent près du bord.
« Regardez ! lance Noa. Il y a des pédalos. J'aimerais en faire. »
Les parents acceptent, à condition d'enfiler des gilets de sauvetage et de ne pas trop s'éloigner.
« Maël reste avec nous, précise le papa du petit garçon.
Je vais jouer avec lui.
– Maman ? demande Lily. Je peux mettre ton chapeau ?
– Bien sûr ma chérie. Mais fais-y attention, j'y tiens beaucoup. »

Le pédalo des quatre cousins avance entre les immenses parois rocheuses.
« C'est impressionnant ! s'extasie Noa.
– C'est très haut ! confirme Assa. On dirait que ça monte jusqu'au ciel. »
Lily lève la tête pour vérifier. Le vent s'engouffre sous son chapeau, qui s'envole et tombe à l'eau.
« Oh non ! s'écrie-t-elle. Le chapeau de Maman !
– On va le rattraper », lui promet William.

Les enfants pédalent pour faire avancer leur embarcation,
mais le courant entraîne le chapeau.
« On ne va pas assez vite, constate Assa.
Noa, il faut que tu appuies un peu plus.

– Je pédale déjà de toutes mes forces ! rétorque-t-il, vexé.

– C'est fichu, se lamente Lily. On ne pourra pas le rattraper. »

Le chapeau s'éloigne à toute vitesse, jusqu'à devenir un point minuscule

Lily est en larmes.
« Maman va être tellement déçue !
– Regardez ! s'écrie Assa. Le chapeau est accroché à un rocher !
– Allons le chercher ! » s'exclame William.

« On y est presque ! » annonce Noa.
Le pédalo arrive à hauteur du rocher où est accroché le chapeau de paille.
Mais, au même moment, un oiseau tente de l'arracher avec son bec.
« Ouste ! le chasse William. C'est le chapeau de ma tatie ! »
L'oiseau s'enfuit en laissant son butin. Lily le décroche doucement
et le pose sur ses genoux.

« Il est tout mouillé », soupire Lily.

Le chapeau ressemble à un flan tout mou.

« Ce n'est pas grave, la rassure William. Il suffit de le faire sécher, et ta mère n'y verra que du feu.

– Comment veux-tu qu'on fasse ça ? interroge Noa.

– Réfléchissons ensemble, déclare Assa. Je suis sûre qu'on trouvera. »

La première idée vient de Noa.
« Si on souffle sur le chapeau, il va sécher, affirme-t-il.
– On ne souffle pas assez fort pour ça ! s'esclaffe William.
On n'est pas des sèche-cheveux.

– Peut-être, réplique Noa, mais on est quatre. L'union fait la force. »
Les cousins se mettent donc à souffler de toutes leurs forces sur le chapeau. Au bout d'un moment, il est toujours aussi trempé.

William et Assa ont une autre théorie.
« Si le pédalo avance vite, et que le chapeau flotte dans les airs, il va finir par sécher. Il y a du soleil, ça va accélérer les choses. »
Voilà donc les enfants qui pédalent aussi fort qu'ils le peuvent.
Lily tient le chapeau en l'air.
« Ça marche ! s'écrie-t-elle joyeusement.
La paille est en train de sécher ! »
Mais le chapeau s'envole de nouveau, et le courant l'emporte au loin.

« Maman ne va pas être contente, gémit Lily.
J'aurais dû faire plus attention. Il faut que j'invente une histoire pour qu'elle ne sache pas que c'est ma faute.
– Tu sais ce qu'on dit, la raisonne William :
"Faute avouée à moitié pardonnée."

– C’est vrai, confirme Noa. Il vaut mieux lui dire la vérité, même si elle est un peu déçue. Mentir, ce n’est vraiment pas une bonne idée.
– On lui expliquera que tu n’y es pour rien », lui promet Assa.
Lily secoue la tête.
« Je ne veux pas qu’elle soit fâchée. Je préfère inventer une histoire. »

Sur le pédalo, Assa, William et Noa s'amusent à s'arroser. Mais Lily n'a pas la tête à ça. Elle réfléchit à l'histoire qu'elle va pouvoir raconter à sa mère.

« Il y a beaucoup d'oiseaux par ici ! constate Noa. Il doit y avoir des poissons.

– Celui qu'on a vu tout à l'heure avait plutôt l'air de se nourrir de chapeaux », dit William en riant.
Ce souvenir donne une idée à Lily. Elle sait quel mensonge elle va raconter.

Mais, de retour sur la plage, Lily n'ose pas aller parler à sa mère.
« N'attends pas, lui conseille Noa. Tu seras soulagée quand ce sera fait. »
La petite fille rejoint sa maman sous le parasol.
« Maman, murmure-t-elle, le cœur battant, tu ne vas jamais me croire, mais un oiseau a volé ton chapeau. Il était énorme, avec un bec de la taille d'un parapluie. J'ai essayé de résister, mais il était trop fort. »
Sa maman la regarde sans rien dire. Lily se sent mal.
« Pardon Maman, dit-elle en se jetant dans ses bras.
Je t'ai menti. C'est moi qui n'ai pas fait attention, le chapeau s'est envolé. Je suis désolée ! »

La maman de Lily dépose un baiser sur la tête de sa fille.

« Ce n'est pas grave, ma chérie. L'essentiel est que tu m'aies dit la vérité.
Je sais que je peux te faire confiance.

– Tu ne m'en veux pas ? s'étonne Lily.

– Je suis un peu triste pour mon chapeau, mais tout le monde fait des erreurs. Je ne t'en veux pas.

– Merci Maman ! »

Les quatre cousins vont rejoindre Maël au bord de l'eau.
« Maël ! s'écrie William. Qu'est-ce que tu as sur la tête ?
– Ze l'ai trouvé dans l'eau, répond le petit garçon.
– C'est le chapeau de Maman ! s'exclame Lily.
– Le courant l'a entraîné jusqu'ici ! » applaudit Assa.

Les enfants laissent sécher le chapeau sur les galets,
avant d'aller le rendre à sa propriétaire.
« Tout est bien qui finit bien, conclut Assa.
– Et surtout, ajoute Lily, faute avouée à moitié pardonnée ! »

Où était caché Petit Dragon ?

Loi n° 49-956 du 16 juillet 1949 sur les publications destinées à la jeunesse.

Édition exclusive The Marketing Store Worldwide pour McDonald's – ISBN : 978-2-38051-075-1
N° d'éditeur : 979-10-94132 – Achevé d'imprimer en Europe par TBB, a. s. en mars 2023.
Lot: 142972/23 – Havi Global Solutions Europe GmbH, Geitlingstr. 20, 47228 Duisburg, Germany.
Dépôt légal : septembre 2023 – Dès 3 ans.

FSC
www.fsc.org
MIXTE
Papier | Pour une gestion forestière responsable
FSC® C022120